LETTRE

A MM. LES PREMIERS GENTILSHOMMES DE LA CHAMBRE DU ROI,

Par M. Bohaire-Dutheil,

ANCIEN AVOCAT, ANCIEN OFFICIER DE MONSIEUR, PENSIONNAIRE DE S. A. R.

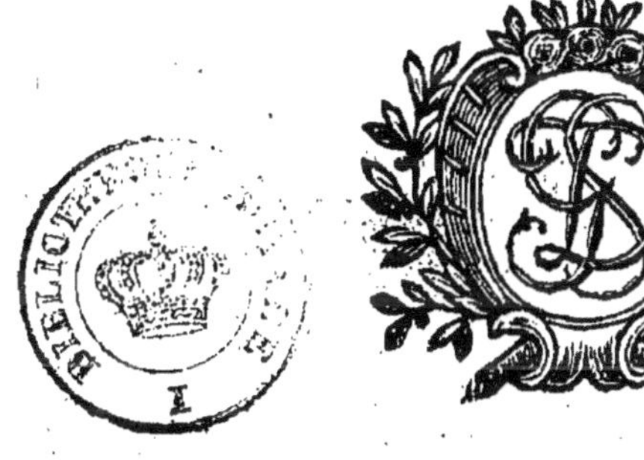

A MEAUX,

DE L'IMPRIMERIE DE DUBOIS-BERTHAULT.

A PARIS,

CHEZ DUCHESNE, LIBRAIRE RUE SERPENTE, N.° 12.

1819.

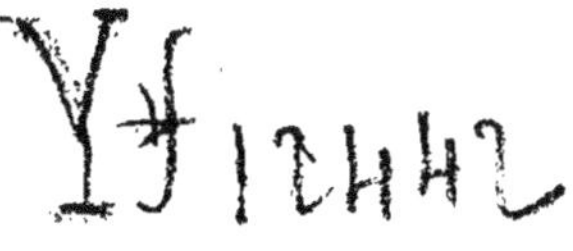

LETTRE

A MM. LES PREMIERS GENTILSHOMMES DE LA CHAMBRE DU ROI.

MESSIEURS,

J'OSE solliciter votre assentiment et votre protection pour l'exécution d'un projet, l'un des plus importans qu'on ait jamais conçus en morale divine et humaine.

Il s'agit en effet de vous intéresser à la représentation d'une tragédie qui aura pour titre : *Jésus-Christ, ou le Culte par excellence.* (1) — A ce début, il me semble voir votre hésitation...... — Hé bien! messieurs, je ne demande que quelques instans pour écarter toute espèce de préjugé.... — Une heureuse et nouvelle circonstance vient à l'appui de mon projet, c'est celle d'avoir adapté, à la pièce d'Athalie, l'idée que j'ai eu le premier, et que je conserve pour faire représenter la mienne dans la salle de l'Opéra, avec le concours de ses artistes et de ceux de la Comédie françoise.

Si j'avois l'honneur de vous faire l'analyse des différentes situations subies par mon projet, vous verriez avec plus de moyens de quelle impartialité il faut s'armer... Ici, c'est un comédien qui, sur le seul et ancien titre, me tourne le dos...

Là, c'est un directeur qui m'oppose faussement, quand à l'opéra que je veux faire mettre en musique, quatorze ou quinze cents vers, tandis qu'il n'est question que des chœurs, c'est-à-dire d'environ cinquante ou cinquante-cinq vers.... Un autre qui, pour me dévorer, voudroit faire croire que je crucifie une seconde fois le divin Prophête.... Parlerai-je de ce Robin, qui si souvent a entendu chanter aussi la messe, vêpres et salut dans la grande salle de Themis, au Palais, salle que Boileau trouvoit si affreuse.... si infernale.... Et ce même Robin étouffant de rire, parce que suivant lui je voudrois faire chanter aussi l'office dans la superbe salle de l'Opéra.... Citerai-je encore ces mauvais plaisans, qui se dissimulent que tout dans ce monde est drame ou comédie, grave ou comique, suivant l'idée qu'on veut en prendre.... — Celui-ci parlant du fameux seringat, dont la citation se trouvoit dans le premier imprimé, et qui est rayée maintenant.... Et de ce véritable turlupin, ne se ressouvenant point des *petits oiseaux* de Racine, de son *Pavé*, du Coussy de Voltaire.... de ses roses vermeilles.... giroflée.... héliotrope, etc.... (2)

Cependant il faut l'avouer, j'ai rencontré des lettrés qui, ainsi que Boileau, célèbre proneur d'Athalie, ont défendu ma pièce; ils ont établi avec moi que la première édition pouvoit si bien être corrigée, qu'il n'y avoit pas même une douzaine de vers à réformer. — On sait qu'il a été souvent d'un prétendu beau ton d'attaquer les *tragédiens* et les *tragédies*, que toujours des plaisans grotesques ou grossiers osoient les comparer, même ceux du premier ordre, à des espèces de saltinbanques, pour donner lieu à des grimaces, etc.... Quelles misérables pointes!.... Elles m'ont inspirées ce quatrain.

» Jésus étoit au temple, et tous ses auditeurs
» N'étant que des bandits qui lui rioient en face....
» Je vous quitte, dit-il, il est des imposteurs
» A qui Dieu seul peut faire ou justice, ou bien grâce.

Or, messieurs, c'est ici le cas d'observer qu'il ne faut pas se renvoyer de Caïphe à Pilate; les uns disent avoir besoin d'une volonté distinguée.... puissante.... Mais si les grands pour la donner hésitent et se débarrassent, en alléguant de s'en rapporter aux artistes et autres.... ceci opérera contradiction, et laissera au carton l'ouvrage.... Tandis qu'en s'entendant, l'humanité pourroit en faire son profit; il faut s'unir pour un culte toujours raisonnable.... grave ou majestueux.... et par fois très-gai, qui ne présenteroit ni cette tristesse cynique de cénobite.... ni ce despotisme sanguinaire.... inquisitorial.... Quelquefois l'homme, sous le masque hypocrite d'un prêtre ou ministre, souffre avec complaisance son semblable à ses genoux.... Avec jouissance il reçoit, en Dieu et du haut de sa grandeur, un encens qui, pour embaumer son odorat personnel, est toute fois encore bien loin de la céleste demeure du seul, du divin maître de toutes choses; or cette position est si flatteuse pour cet homme, pour ce prélat, se disant le ministre, le souverain pontife immédiat de Dieu, elle est si flatteuse, disons-nous, si considérable.... et pour le produit.... et pour la gloriole... qu'elle lui fait soutenir par fois aussi les plus grossières comme les plus sanglantes absurdités, et ce à la honte de lui-même, de tous les hommes, qui sont des frères et non des esclaves.... Aussi voit-on tel célèbre ministre, tel illustre prélat, rester quelquefois encore seul, ou n'avoir pour prosélites que des femmes.... que des faux courtisans, et des paysans, qui par fois sont encore plus incrédules que les plus éclairés citadins.... Ne l'a-t-on pas éprouvé dans le cours de la révolution ?.... Il est tant de circonstances dans la vie où chacun à son intérêt de prendre un masque!... Et ventre-saingry, Dieu.... les vertus.... la morale angélique.... évangélique.... la vérité.... Quel est l'homme si brute ou si entêté, à qui on ne puisse faire convevoir que là, où il est un ouvrage, il est un ouvrier, et que si cet ouvrage est sublime, l'auteur doit-être de la même essence.... Mais pour faire prendre un systême aussi naturel... aussi humain.... encore une fois gardons-nous de heurter les prêtres ; il en est un nombre infini d'excellens, de véritables, d'humbles humains, ceux-là seront pour nous, c'est tout ce qu'il nous faut pour la gloire de Dieu, l'honneur et le bonheur de l'humanité ; ces véritables prêtres ou ministres ne perdroient même pas leur état, ils seroient préférés, seulement on choisiroit les talens, les vertus ; il en est de l'autel comme de la tribune nationale, il ne suffit pas d'être un honnête homme, il faut encore le mérite de la position.

En voilà assez pour pressentir l'avantage d'une œuvre qui présentera le besoin général d'un *Culte par excellence*.... tel qu'il est censé être d'après l'évangile mise en action, et par la suite peut-être grave et joyeux, qui, sans forcer personne, commandera la considération et de ses ministres et de ses fidèles, culte qui puisse attirer enfin dans le temple, des spectateurs, des auditeurs des premières, deuxièmes et dernières classes.... Enfin de toutes les classes.

Et pour continuer à ne point m'écarter du sujet, qui est la représentation, je l'ai écrit à Chenier lui même, mon *Jésus* lui a donné l'idée de *Fénélon ;* si ce dernier a paru avec succès sur la scène sans bizarrerie, le premier peut y paroître aussi, on peut donc répéter ce que j'ai souvent dit, savoir :

» *Si bon que soit le valet, il ne vaudra jamais le maître.*

Je termine en renouvelant une opinion sur laquelle on ne peut trop réfléchir ; je le demande, est-il possible de présenter un sujet plus heureux, plus favorable à la sublimité de tous les talens des premiers artistes ?... Déclamation, chant, danse, pompe, richesse des décorations, etc.... En un mot, un spectacle délicieux, que l'on peut rendre si national, si considérable, que l'on se fera non-seulement un plaisir, mais peut-être par la suite un véritable devoir d'aller voir représenter en certaines circonstances de la vie, quand ce ne seroit que pour admirer, avoir présent sans cesse à l'esprit l'exécution d'une morale divine, et pour jouir de tous les prodiges dont le célèbre lycée du premier opéra de France seroit seul en possession dans l'univers de représenter l'harmonie et céleste perspective. — Quel seroit en effet dans l'Europe, dans le monde entier, le temple qui pourroit lui disputer le pas pour l'ensemble sur cette pompe et munificence d'une semblable représentation ?....

Des auteurs modernes conviennent de l'excellence de l'évangile, mais ils critiquent les miracles ; ils avoueroient eux-mêmes qu'à l'opéra l'aperçu de ces miracles deviendroit bien plus sensible, ayant l'aide, les talens et les merveilles de cette académie.....

Or, rien ne pourroit mieux attacher à l'exercice de toutes les vertus, que le triomphe et le couronnement riche et pompeux du grand homme, de l'homme divin qui nous a donné un si bel exemple de ces vertus ; il sera toujours convenable que la partie la plus distinguée du peuple, voie et se pénètre de tous les bons effets d'un aussi brillant spectacle.

Je joins à la présente, un exemplaire de la première

édition de mon ouvrage, comme aussi la note détaillée du prologue et des chœurs de la pièce, avec un *errata* de quelques changemens à faire, s'il est besoin d'une seconde édition.

Je suis avec beaucoup de respect, Messieurs, etc....

PROLOGUE

De la Tragédie de JÉSUS-CHRIST, *ou du Culte par excellence.*

RICHE perspective des cieux, vue de l'immortel créateur... de Jésus et d'un groupe d'êtres célestes, Anges, Patriarches, Lévites, Prêtres, Saints, Prélats....

Les premiers sons que l'on entendra de l'ouverture, doivent-être ceux de la foudre, des timbales, des clairons, etc.... Enfin de tout l'orchestre, frappant tellement sur les mêmes, hautes et basses notes, ou cordes, qu'il puisse en résulter la sonorité la plus imposante, la plus majestueuse qu'on ait jamais entendu à l'Opéra, digne de tout l'éclat d'une représentation dont il faut qu'il n'existe point d'exemple, digne encore de tous les attributs de l'immortel créateur. — A cette foudroyante sonorité succédera, imperceptiblement et par dégrés, une mélodie angélique, douce et suave; il en sera de même du crépuscule; le plus éclatant du plus beau jour, il fera aussi pressentir, apercevoir par dégrés, avec une toile transparente, qui ce jour là remplacera, au moment de a représentation, celle ordinaire, tous les prodiges dont l'exécution pittoresque et romantique en quelque sorte, démontrera le luxe le plus magnifique possible ; enfin de manière si ce n'est de pulvériser, au moins de désenchanter les prestiges de tous les mélodrames et mélodramaturges des boulevards.

C'est à l'académie royale de musique seule à se réserver cette puissance ; elle le peut, elle le doit à la munificence françoise, et sur-tout au règne de son auguste monarque, appelé aussi par excellence et avec justesse, par le souverain pontife, son cher fils en Dieu, le Roi très-chrétien.

COMMENCEMENT DU PROLOGUE.

Chœurs, Chants, Foudres lancés sur les images et statues de l'Idolâtrie. Peuple.

Une Femme.

QUEL superbe tableau ! ! !
Un ciel emblématique,
De l'azur le plus beau,
Nous présente l'optique ! ! !
Reconnoissons du Roi des cieux
Les éclatans prestiges,
Eblouis de tous ses feux,
Admirons ses prodiges....

Chœur.

Quel superbe tableau ! ! ! etc.

Un Citoyen.

Dieu seul en ce beau jour
Vient régner sur la terre,

Guidé par son amour,
Il éteint son tonnerre....
Il ne semble s'élever
Sur le plus vaste des théâtres,
Que pour chercher à nous sauver
Des erreurs idolâtres....

Chœur.

Dieu seul en ce beau jour, etc.

Un ballet termine le Prologue....

Fin du Prologue.

CHANT DE LA TRAGÉDIE.

ACTE PREMIER.

Le théâtre change et représente une place de Jérusalem pour l'exécution de cet acte.

Au moyen du Prologue, des chants et des danses qui en font partie, il n'y aura ni musique, ni ballet dans le premier acte, qui devra être déclamé par les seuls acteurs du théâtre François, afin aussi de disposer le sujet de la manière la plus briève et la plus intelligible.

ACTE SECOND.

Après que l'acteur françois a déclamé les six premiers vers de cet acte, évolutions de troupes, chant, ballet, on exécute la note de la scène deuxième, et aussitôt que l'action se trouve engagée, un citoyen du parti de Jésus chante l'ariette suivante.

Fuyez, avides mercenaires,
Eloignez-vous du temple du Seigneur....
C'est en brulant vos pactes usuraires
Que nous voulons flétrir tout vil spéculateur....

Dans ce sacré sanctuaire,
On adore le vrai Dieu,
De tout mercantile corsaire,
L'emploi n'est pas fait pour ce lieu.

Chœur.

Fuyez, avides mercenaines, etc.

D'après le chant de ces derniers vers, la déclamation reprend son cours pour le récit.

Jésus.

Amis, vous le voyez, Dieu, etc.

Déclamation du reste de l'acte.

ACTE TROISIEME.

Le chant ne recommence qu'à la deuxième scène de cet acte, c'est-à-dire après que Jésus a prononcé entièrement le couplet commençant par ces mots : » N'en parlons plus, en tout la prophétie, etc....

Le chœur répète le couplet changé ainsi qu'il suit :

» N'en parlons plus, en tout la prophétie
» Le prédit de la sorte et doit-être accomplie....
Jésus vient nous donner un gage précieux,
De l'éternelle paix qu'il apporte en ces lieux,
C'est le prix de son sang, celui du fils de l'homme,
Il faut qu'un sacrifice à la fin se consomme.

Les deux vers suivans doivent être chantés lentement, avec toute la majesté, l'onction de vrais inspirés, et les chanteurs doivent fléchir les genoux, les mains élevées aux cieux.

Voici ces deux vers.

» *Que le pain et le vin, consacrés désormais,*
» *Et bénis de nos mains, nous présente ses traits....*

Une autre voix.

Ce sera le mystère et le vœu de son culte,
De celui d'un vrai Dieu, que l'on aime et consulte;

Que Pierre soit le chef de la religion,
Qu'il prêche l'évangile en cette région,
Sa morale est divine, et son trait de lumière
Se répandra par-tout....

Chœur.

Ha ! depuis la chaumière
Jusque dans les palais, on connoîtra nos lois,
Celle de notre Dieu, qui parle par nos voix....

Une voix.

Mais voici les Docteurs et les Princes des Prêtres,
Ha ! c'est pour nous tenter que nous voyons ces traîtres....

Les autres vers de cet acte doivent être déclamés par les acteurs de la Comédie françoise.

ACTE QUATRIÈME.

Après la déclamation de la scène première de cet acte, on exécute la note en tête de la deuxième scène, de plus on introduit une musique funèbre et guerrière à la suite de Jésus; et lorsque le Seigneur a prononcé entièrement le couplet commençant par ces mots : » Réservez-moi ce coup, ha ! pour la dernière heure, etc.

Le chœur répète ce couplet ainsi.

Réservez-lui ce coup, ha ! pour sa dernière heure,
Il doit bien plus souffrir ici, s'il faut qu'il meure,
Telle est la loi d'un Dieu, les Prophètes l'ont dit,
Tout, suivant leur décret, en ce jour s'accomplit.

Une voix.

O mon Dieu ! Dieu puissant ! puisque le fils de l'homme
Doit de ces maux cruels subir toute la somme,
Ecrase ses bourreaux, à la méchanceté,
Impute, ô juste Dieu, toute leur cruauté.

Le Chœur répète :

» Ecrase ses bourreaux, à la méchanceté,
» Impute, ô juste Dieu, toute leur cruauté.

Jésus.

Marchons....

On déclame le reste de l'acte.

CINQUIÈME ET DERNIER ACTE.

Les scènes 1.re, 2.e, 3.e, 4.e, 5.e, 6.e, 7.e et 8.e sont déclamées entièrement.

Quand cette scène 8.e est déclamée, plusieurs voix chantent ces quatre vers.

Soyons d'une franche gaieté,
Nous avons vu Jésus, il est ressuscité;
Le pauvre a retrouvé son père,....
Et le riche revoit un frère....

Chœur.

Soyons d'une franche gaieté, etc.

De plus, le chœur répète les deux derniers vers du couplet qui forme la scène 8.e ci-dessus.

Voici ces deux derniers vers.

» Vainqueur et glorieux, il règne dans le ciel,
» Couronné sur un trône auprès de l'Eternel.

Scène neuvième et dernière.

A l'instant où Jésus remonte dans les cieux, concert céleste des Anges, exécuté par un orchestre complet d l'Opéra, dont néanmoins plusieurs membres, qui seront désignés et costumés, devront être placés sur les nuages.

Une des plus fortes et des plus belles voix de l'Opéra, répète et chante une partie du dernier couplet, comme il est ci-dessous changé, toutefois après qu'il aura été déclamé par l'acteur des François, remplissant le rôle de Jésus.

Duos, quatuor sur ce couplet, chœur.

La voix.

La paix soit avec nous, de nos tendres hommages
Jésus reçoit ici les plus heureux présages;

Il nous a tous sauvé, méritons ce bonheur,
Et garantissons-nous à jamais de l'erreur
Du culte des faux Dieux....

D'autres voix d'hommes, femmes, se confondent avec la première, et chantent ces vers.

Mais ayons pour maxime
Que la vertu sur-tout mérite notre estime,
Chérissons notre frère, idolâtre ou chrétien,
S'il est honnête et juste, il sera toujours bien.
Fut-ce un jour de sabbat, il faut d'un bon office,
Autant que nous pourrons, lui rendre le service;
Mais sans éclat, sans bruit,....

Le chœur chante le surplus du couplet.

Ne confondons jamais
Le vrai sens d'un précepte, et sachons désormais
Que les mets en tout temps souillent moins notre ame,
Que fait la médisance, ou bien une épigramme,
Innocent ou coupable, aimons notre prochain.

Continuer ainsi par » Nous. — Et au pluriel, jusqu'à la fin du couplet.

Couronnement de Jésus dans les cieux, une sonorité tour-à-tour complète, forte, suave, mélodieuse, les coups formidables, redoublés du tonnerre, et le ballet le plus magnifique terminent le spectacle.

NOTES.

(1) Au lieu de la *véritable Religion*, ce qui pourroit contrarier es autres, nous dirons *le Culte par excellence*; je pense qu'aucune secte ne refusera ce titre à l'évangile, prise dans son texte littéral.

(2) Nous voulons sauver tout lecteur de la longue nomenclature des noms et des choses qu'on pourroit *turlupiner*, même dans Athalie ; en effet, citerons-nous *les boucs*, *les chevaux*, *les genisses*, *les chiens*, *les sacrés soldats*, *le sacré mont*, *l'herbe tendre*, *terre prête l'oreille*, *Juive fidèle dont il suçoit la mamelle*, *etc....* *la charrue* de Guillaume-Tell et Lô *Remus et Berenice....* et les *Chimène*, *Mardochée*, *etc. etc....* Par respect aussi pour le ridicule, il nous faudra bien supprimer de même les noms de *Malchus*,.... *Barrabas*, etc....

Un célèbre peintre en migniature, mon voisin et mon ami, m'a assuré que feue S. M. la Reine Marie-Antoinette, qui, comme on le sait, réunissoit aux grâces l'esprit et la sensibilité,.... avoit lu avec beaucoup d'intérêt mon ouvrage.

Quand on me liroit en pénitence, comme Athalie, seroit-il donc si difficile de trouver aussi un bon pénitent,.... une jolie pénitente?.... Pourquoi ne diroit-on pas un jour, d'un bout de la France à l'autre..... Rendons-nous à Paris ?.... » Nous irons à l'Opéra ; nous y verrons » *Jésus-Christ*, *ou le Culte par excellence*, c'est le Roi, le Dieu des » opéras, et de tous les mélodrames possibles....

Mais Athalie.... Abner.... Mathan... Esther.... Fénélon.... ce sont des hommes ordinaires.... des serviteurs.... Encore une fois.... Jésus.... Voilà le maître.... C'est *l'homme-Dieu*.... C'est le divin Philosophe.... Toujours par excellence....

Mais des Prêtres.... des Comédiens.... des Abbés.... des Demoiselles de l'Opéra.... Quel mélange.... Oubliez-vous les Brizard.... les Lekain.... les Ninon de l'Enclôs, et ce Directeur de conscience.... Les demoiselles Lecouvreur, soutenant à l'armée le Maréchal de Saxe... Enfin, de nos jours, le trait de cette fille publique avec M. de la Vaupalière, etc....

Allez, allez, Fénélon, Bossuet, et tous les autres bons Ministres seroient et seront pour nous ; oubliez-vous encore nos concerts spirituels? etc....

Quand à l'idée prétendue bizarre citée dans l'article qui me concerne, et inséré dans la biographie des auteurs vivans, imprimée par Michaud, je répète et je soutiens que mon idée n'est pas plus bizarre que celle d'Athalie, Fénélon et Mahomet, que Voltaire a eu tant de peine à faire représenter ; voyez ce que jen ai dit dans les notes de mes *vers sur différens sujets*, pag. 15 et 16, et l'on se convaincra de plus en plus de la céleste suavité qui éclateroit à la représentation de *Jésus-Christ*, dans la superbe salle de l'Opéra, avec le concours de ses artistes et de ceux du théâtre François.

Si Voltaire, si Racine, si Piron et tant d'autres, ont été si long-temps pour faire concevoir leurs idées, moi, voilà près de 28 ans que j'ai présenté ma pièce pour la première fois, c'étoit en 1792. Je me rappelle encore de feu ce bon Laporte, secrétaire de la Comédie ; mon Dieu ! comme nous disputions ensemble !... Tout en l'appelant *tête de linote*, je me souviens avec plaisir qu'il étoit bien des Académiciens auxquels il auroit pu faire aussi la barbe en très-bonne littérature.... Disons-le encore avec Voltaire ; combien d'érudits.... des gens d'un vrai mérite.... restent dans l'obscurité.... tandis.... oh ? tandis.... assez de dit.... Mais quand on songe à la première infortune d'Athalie, du Misantrope, de Zaïre, de la Métromanie, et de tant d'autres chefs-d'œuvre, sur-tout de ceux qui ne se sont pas relevé de leur première chute.... par l'effet du préjugé.... de l'ignorance.... A quelles réflexions cela ne donne-t-il pas lieu sur le misérable jugement des hommes ?... Encore si ce n'étoit qu'en comédie.... Mais sur l'autel même de Thémis, etc.... Taisons-nous.... Enfin.... A l'égard d'un culte.... Le peuple et les prêtres ont besoin du merveilleux... dit-on... hé bien, ils le trouveront à l'Opéra... Nous le savons tous, on y prodigue les miracles....

ERRATA

De la première édition de JÉSUS-CHRIST, *c'est encore la seule, mais on en projette une seconde.*

PAGE première, au lieu de *la véritable Religion.* — Lisez — *Le Culte par excellence.* — Page 38. C'est là le fameux *seringat*, effacez et lisez en place les deux vers suivans.

Et Salomon lui-même, en toute sa splendeur,
N'effaçoit pas l'éclat d'une superbe fleur.....

Comme l'on voit, la correction n'étoit pas difficile.... Pourtant, quand à ce pauvre Laharpe de glorieuse mémoire.... lui et ses complices messieurs les turlupins.... cette odeur de seringat, bien qu'assez recherchée dans les plus beaux parterres, cette odeur les avoit suffoquée.... Voyez un peu comme il faut avoir pitié de nos *têtes de linote*....

D'après une telle erreur ou faute, on me dispensera aussi d'en citer d'autres bien moins graves, de même très-faciles à réparer.... Telles que les *car*.... Alors je me servois encore quelquefois de ce mot, et certes je n'étois pas le seul; je crois l'avoir expliqué dans mes précédens ouvrages... En un mot, s'il reste quelques fautes.... quelques négligences, nous promettons de les faire disparoître encore, et lors de la représentation, et lors d'une seconde édition, si l'une et l'autre ont lieu....

J'allois oublier une plaisanterie bien plus risible que *le seringat;* celle-ci, m'a-t-on dit, est d'un commis jovial du libraire, qui, de lui-même et sans ma participation, a ajouté à ma pièce le fragment d'un drame burlesque, avec une marche de chevaliers, leurs dames, guerriers, géans et nains, portant en triomphe une fée sur un palanquin.... L'air » *allez-vous-en gens de la noce*, serviroit d'accompagnement à cette marche, qui termineroit le spectacle.

On voit que ce seroit un agrément de plus pour mon projet, puisque la parodie suivroit immédiatement la pièce, et que les plus graves n'en ont jamais manquée, quand ce ne seroit que pour complaire à cette foule immense de tous les beaux esprits possible aussi... Par ces raisons, je laisserai donc au libraire la faculté de supprimer, ou de ne point supprimer cette scène qui, toute burlesque qu'elle soit, en vaut bien une en son genre sur les plus sublimes tragédies, drames et mélodrames.

AUTRE ERRATA

De mon dernier ouvrage intitulé : VERS SUR DIFFÉRENS SUJETS.

Page 4, après ces mots : — *Prenons garde au maléfice*.... Lisez — *Contre un autre abbé qui aussi, fut toujours à crosser.*

Certain petit abbé, sale caricature,
Tout de travers,.... et du plus mauvais ton,
Insultoit les passans... En plus d'une avanture,
On le vit pris de vin.... Et dégoûtant, dit-on,

Tranchant du matamore à pointe envenimée,
Et d'un vrai fanfaron, n'ayant que la fumée,
Sans talens ni pudeur, en affaire, en amour,
Prêchant dans les tripots et le contre et le pour....
Or un brave, excédé du vilain personnage,
Et de son crapuleux adage,
Un jour criant, disoit : » On devroit écraser
» Cet insecte puant.... Hô...! l'on a beau jaser,
Jurer et maudire à son aise,
On fut, on est, sera mordu par la punaise.... *

Nota. Voilà deux abbés que j'attaque consécutivement dans mes écrits, mais il ne faut pas croire que je fronde ainsi les autres ; je l'ai souvent dit, et je le répète, il est une infinité de véritables ecclésiastiques pour lesquels j'ai la plus sincère, la plus zélée, comme la plus haute considération.... Si les deux abbés en question sont agresseurs, s'ils ne sont pas même des êtres de pure imagination, je leur rend peut-être aussi *chou* pour *chou*, et je penserois encore que le mien seroit mieux pommé....

Page 16, après ces mots : *Pour démence momentanée*.... Lisez —

Enfin, si au lieu de rendre plainte en spoliation, etc.... Nous nous sommes contenté d'un mémoire imprimé, et tout cela pour éviter un scandale entre frères, sœurs, neveux, cousins.... Pour donner preuve de désintéressement, en se contentant encore du restant qu'on auroit jugé à propos de laisser....

Est-il dailleurs si nécessaire que des successions de six, sept, huit mille francs, et toute autre moindre ou plus importante, soit consommée en frais, et qu'elles durent des trois ou quatre ans.... Quel mal effrayant dans la société !.... Lorsque de bien plus légers tours d'adresse,.... ou maléfices, etc.... sont punis si sévèrement !.... Quand il est si facile de forcer à la conciliation une ou plusieurs parties récalcitrantes.... Je ne me répéterai point.... Voyez mes projets imprimés.... Un nommé Fontaine, avoué à Meaux, m'en voudroit beaucoup, dit-on, sur l'émission de ces projets.... Cela est-il vrai?... Je ne pouvois me le persuader.... De vrais légistes m'ayant félicité sur mes bonnes intentions, et moi n'ayant pas non plus oublié l'indemnité des avoués, ainsi qu'on peut le vérifier, *voyez l'un de ces projets, page 5*. — Le *quidam* néanmoins dans une affiche imprimée, et d'une rédaction la plus élégante, sans

* Voyez aussi mon quatrain à ce sujet ; *variétés*, page 7.

doute dans ce genre grotesque en quelque sorte.... me donneroit du *sieur*, tandis qu'il lanceroit du *monsieur gros comme le bras* à certain *routinier*, apparemment de sa *cotterie*.... Voyez au surplus la page 16 des mélanges à la suite *du Prêtre d'Isis, ou l'enfance de Télémaque*, pour la facétie aussi d'un *record* à mon égard, et celles même de la vieille cuisinière pour Voltaire.... Peut-on éviter d'être sali par la poussière.... Voyez encore ma satire du *Frondeur*, page 18.

Toute petite que soit cette *saillie ou nausée* de M.e Fontaine, avoué, elle ne laisse pas que de faire pressentir une sorte de cabale.... Dernièrement, je voulois avoir recours à un appel, peut-être même à *la prise à partie*, mon avoué de Paris, qui par parenthèse n'aime pas aussi *le peuple écrivain*, venant d'ailleurs de prôner notre principal adversaire dans une affaire qui nous est étrangère, cet avoué paroissoit d'abord de mon opinion, tout-à-coup il a dérivé de bord, ainsi que deux autres légistes auxquels je suis fort attaché; mais cette crise me frappant au moment de mon départ, la crainte d'un plus long séjour dans la capitale.... ne cessant aussi d'avoir devant les yeux les trente-six bougies pour le jeu de 2 centimes.... Me voyant fort trahi dans mon juste espoir, je me suis décidé à laisser couler l'eau en dépit de l'énormité des frais, de la justesse de la compensation, de la validité de la donation, de l'acquiescement à l'estimation entérinée.... Tout ceci sortant encore de mon sujet, je suis obligé d'en ajourner les détails, mais en attendant, nous devrions espérer sur l'exécution de mes projets pour une conciliation forcée; grands comme petits, nous avons tous intérêts, les légistes eux-mêmes, de ne pas laisser consommer nos héritages au profit de quelques abus judiciaires.... Et pour terminer sur le culte, cet acte important étant celui de la vie qui influe le plus sur la civilisation, tout gouvernant, tout législateur, tout corps administratif et civil, doivent prendre le plus grand intérêt à l'idée d'un culte essentiellement raisonné, évangélique même, si l'on veut, prenant toujours pour base l'immortel créateur, et le dégagement de toute servitude onéreuse à l'humanité.... humiliantes.... *inquisitoriales*.... ou sanguinaires.... Dieu étant au-dessus de tout, a-t-il besoin de nos génuflexions?.... A la bonne heure, honorons-le,.... glorifions-le dans ses œuvres,.... mais sans flatteries,.... sans momeries.... Nous l'avons dit plus haut, les gens de la campagne eux-mêmes pensent ainsi.... Quand on procède d'ailleurs avec modération, on ne risque point de bouleverser; s'il falloit bouleverser des abus, il vaudroit mieux les bouleverser, que de nous laisser bouleverser par eux..... Sur autre matière, est-il encore si mal-aisé de trouver une île pour les déportés ; faut-il aussi tuer son cheval, parce qu'il ne peut aller au carosse, quand il peut aller à la charrue?...* Il me semble entendre Mécène, Sully, Voltaire, s'écrier et dire: » *Bourreaux*, *fous*, tigres, ne voyez-vous pas que tout deviendroit facile à des misérables flatteurs, s'il s'agissoit de faire trancher du vrai Dieu à celui, à ceux qui, en dépit d'un ton divin, luxurieux, ne sont et ne seront toujours que des mortels régisseurs... A ces illustres ministres, et lettrés, nous verrions se joindre les Auguste, Marc-Aurele, Titus, Henri IV, celui-ci, grand Prince et bon Roi aussi, de dire : » Ventre-saingry, » l'Europe, en certaine occurrence, n'auroit-elle donc pour ambassadeurs, » pour commissaires, que des mazettes?... Lorsqu'elle abonde en tant » de sujets si distingués, et par leurs talens, et par leur humanité.... » Hô! vous, messieurs les Ducs et Pairs, vous si près du trône, *vous* » *nous la donnez belle*.... Au lieu d'indiquer le remède à la déporta- » tion,... vous solliciteriez une autre peine.... *Vive Dieu*! accordez- » vous tous, pour trouver, faire trouver, et disposer une île... Daignez » le vouloir avec zèle et sincérité, et vous ne manquerez pas de réussir » promptement.....

P. S. J'aurois encore à citer quelques antagonistes de la capitale..... de Melun, Meaux, Coulommiers, etc.... Le tout en mâles, grosses, et petites femelles; mais en très-petit nombre...... Quel est le privilégié qui puisse se flatter de toujours se garantir de certains *coups de pieds* ou *ruades* ?.....

Enfin et derniérement, j'ai parlé des *numéros*, du pavé, du pont, péages et réverbères.... Je pourrois citer aussi sur *le logement de guerre*, *etc*..... J'aurai occasion de revenir sur tout cela... si on ne fait pas mieux.... Mais on a de bonnes intentions...

Je conserve d'ailleurs l'idée d'une feuille qui aura pour titre *le bon*, *le grand Henri*, ou *le Diable à quatre* et la *Poule au pot*..... Puissent aussi quelque pairs, députés et lettrés m'appuyer et m'aider de leurs bons offices.... Puissent encore le côté droit, le côté gauche, et le centre, se réunir, se confondre ensemble en un seul corps, pour l'unique service de la tête, qui est la Patrie dans la personne de son Roi! .....

---

* Comme le disoit M. de St.-Germain, voyez la note de mon projet de Conciliation.

www.ingramcontent.com/pod-product-compliance
Lightning Source LLC
LaVergne TN
LVHW020634110826
845149LV00004B/1174